О чем поет река?

ОЛЬГА КАРЕНГИНА

ШПУССЕЛЬ· МОСКВА 2016

фотографии и стихи

Dragonwell Publishing

Посвящается моей маме

АВТОРСКИЙ СБОРНИК СТИХОВ И ФОТОГРАФИЙ

Фотографии без монтажа, все кадры отражают объективную реальность. Большинство снимков сделано в Подмосковье.

издательство Dragonwell Publishing
www.dragonwellpublishing.com

ISBN 978-1-940076-31-7

Каренгина Ольга Владимировна
О чем поет река? / стихи и фотографии — 2016. — 144 с., ил.

Все права защищены

© Стихи — О.В. Каренгина, 2016
© Фотографии — О.В. Каренгина, 2016
© Графика — О.В. Каренгина, 2016
© Дизайн и верстка — О.В. Каренгина, 2016

фото на обложке: лёд на ветке
на титульном листе: автопортрет
фото на странице 3 - пролеска осенняя

часть 1: для взрослых.................6
Вместо эпиграфа.........................7
Скажи, о чём поет река?..............9
Риск..11
Муравей ползёт.............................13
Поездка в Крым............................15
Шаманское....................................17
Снежная чушь..............................19
Люди в оранжевых касках...........21
Все шаги сочтены.........................23
Ying-Yang......................................25
Ночь..27
Опять весна.................................29
Вон там..31
Просто так....................................33
Москва..35
Февраль..37
Апрель..39
В шкафу притаилась зима..........41
Сорок пять....................................43
Не знаю, что со мной..................45
Пейзаж..47
В разрывах туч............................49
Зу..51
Серое..53
Ветры морозные..........................55
На корриду вдоль забор..............57
Последняя болезнь......................59
Всё, что мог.................................61
Мы все друг друга создаём.........63
Сугубо отечественный танк........65
Весенняя распутица.....................67
Мне опять не спится....................69
В эти тёплые ночи.......................71
Я иду не спеша............................73
Вкусный дух травяной.................75
Лист, вариант 1............................77
Лист, вариант 2............................79
Суббота. Тихий вечер..................81
Ну вот и март...............................83
Сели рядом, свесив ножки...........85
Самурай без меча........................87
Чем ближе — тем дальше...........89
На улице весёлый дождь.............91
Вот уже и сентябрь......................93
Мы все бежим небытия...............95
Кылим чар....................................97
В своей прозрачности..................99
Весенний снег.............................101
Летнее солнцестояние, день.....103
Без названия...............................105
Пирожки.....................................107
жизнь утекает............................109
в себя глубоко погружаясь........111
Приняв товарный вид и позу....113
Будущее.....................................115
Это всё из-за тебя......................117
Ищу себя....................................119
Мы — дети солнца....................121
Новый год..................................123
Как хорошо гулять в пургу.......125

часть 2: для детей......................126
Колыбельная...............................127
Странное дело............................129
Домовому скучно........................131
Ползёт улитка.............................133
Всё, что мог...............................135
Гроза..137
Самые первые.............................139
Тук-тук! Вам посылка.................141
Снегопад....................................143

часть 1 (для взрослых): "О чем поет река?"

Вместо эпиграфа

в стиле Д. Хармса:

Однажды Пушкин переоделся Гоголем, подошёл к Белинскому и говорит:
— А сотворили бы вы, Виссарион Григорьевич, поэмку, что ли...
  А тот ему в ответ:
— Что вы, Николай Васильевич, я по натуре не Пушкин, я по натуре Белинский!
  И написал на Гоголя критическую статью.

сентябрь 2009

на фото: река Ока

Скажи, о чём поет река?
О чём, скажи?
Она бежит к нам сквозь века
И рубежи...

Как много отражений прочь
Унёс поток...
Он не запомнил ничего
И не сберёг?

Сменялись поколенья тел
По берегам —
Останки трав к остаткам дел,
Друзья к врагам.

Снега и зелень, день и ночь,
Любовь и смерть
Приходят и уходят прочь,
Как круговерть.

Идут, как волны, вдоль реки
Потоки дней —
Идут, как будто без неё,
Но вместе с ней.

Я приложу ладонь к лицу
Зеркальных вод,
И отражений вечный ряд
За ней встаёт —

Всех тех, кто руки погружал
В речную жуть,
Кого когда-то отражал
Прозрачный путь.

май 2009

на фото: гора Кара-Даг, Крым

Риск

Дно океана встало на дыбы.
Покрылись лесом древние кораллы.
А ветер с моря бьется в каменные лбы
И падает в отвесные провалы.
Уж миллионы лет не стихнет спор
О том, кто тверже, крепче и упрямей.
Послушны ветру гребни волн, но гребни гор
Застыли неподвижными цепями.

Цепляясь за уступы, я ползу —
Букашка мягкотелая — по скалам.
Чего мне не хватало там, внизу?
Прогулки по дороге было мало?
Какая сила гонит нас вперед?
Что заставляет лезть как можно выше?
Один неверный шаг все зачеркнёт.
Чем манят нас деревья, горы, крыши?
Чем сладок риск? Победой над собой?
Или игрою с собственной судьбой?

сентябрь 2011

Муравей ползёт по верхушке дерева,
Растущего на горе.
Только люди болтают о покорённых вершинах,
Заносчивые букашки.
Миллионы лет стоит гора, ей всё равно.

сентябрь 2011

на фото: Капсельская бухта, Крым

Поездка в Крым

Я подберу и место, и мотив,
И камушек цветной на берегу.

Упаковать себя, как бандероль,
По счету уплатить за перевозку,
Войти с гуртом в железную повозку...
Хотел поехать к морю — вот, изволь.
Под стук колес заснуть на верхней полке,
Проснуться где-то там, смотреть в окно —
Пейзажей разноцветные осколки
Слагаются в дорожное кино —
Степь, тополей высоких минареты,
Сиваш, а вот и горы вдалеке…
Так вот что я купил, когда билеты
Принёс домой в потертом рюкзаке!
Забыть, как скучный сон, вокзальный город,
Запить полынным ветром из окна
Маршрутки, что упорно лезет в горы —
Потрёпана, устала и полна.
В таврической пыли оставить след
Своих видавших виды сандалет,
Вдохнуть солёный ветер, окунуться
В прохладный бирюзовый жидкий свет.
Устать карабкаться среди горячих скал
И свесить ноги в солнечный провал.
И в радостной улыбке ощерится
Со склона Эчки-Дага ящерица.

октябрь 2013

Шаманское

Летящий пух
Упал на твердь
И твердью стал,
Покрыв собой
И жизнь, и смерть.

Хранят тепло
Кристаллы льда —
Щитом земли
Шесть долгих лун
Лежит вода.

Огонь небес
Растопит лёд —
Из тверди в хлябь,
Из хляби в хлеб
Вода придёт.

Из тверди в хлябь,
Из хляби в лист,
Цветок и плод.

март 2009

Снежная чушь

Берёзовая свесь пестрит снегами,
Чернеет дуб под светлыми мазками,
И белизной пушистою покров
Под ними привлекателен и нов.

Холодным контуром сполна
Природа вся обведена.
Деревья этот белый штрих
Стремятся сбросить с рук своих.

Согнув промёрзшие коленки,
Торчат травинки средь снегов.
Уже давно засохли стенки
Отягощённых их голов.

на фото:
василёк в ледяной шапочке

февраль 2009

на фото: кряквы в осеннем пруду

Люди
В оранжевых касках
Мусор лопатой гребут.

Будущее
В ярких красках!!!
…Дайте мне рифму на «ут»,

Или же
Рифму на «лебедь»,
Пусть даже рифму на «гусь»!

В будущее
Надо верить!
К черту досаду и грусть!!!

июнь 2009

на фото: мать-и-мачеха

Все шаги сочтены,
А улыбки и слёзы отмерены.
Мы рождаемся в мир
И не знаем о том ничего.
Мне не хочется думать,
Что всё уже кем-то проверено,
И что время и жизнь
Никогда не щадят никого.

Но я верить хочу,
Что хорошее где-то останется,
Что слова и дела
Знают свойства частиц и волны,
И что нитка судьбы
За порог этот чёрный протянется,
Несмотря ни на что,
Все мы будем друг другу нужны.

октябрь 2009

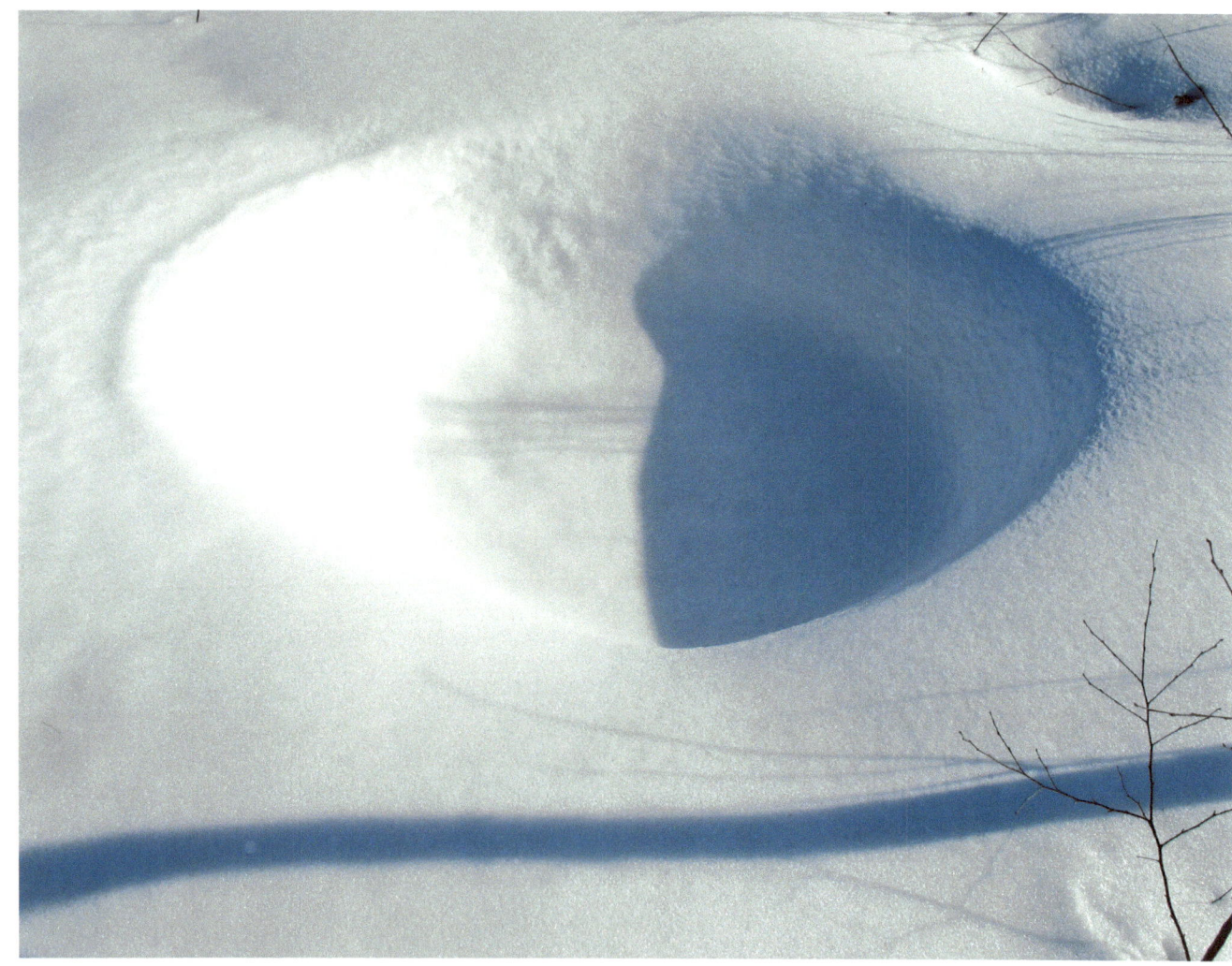

Ying-Yang

Если есть хренотень,
Должен быть хреносвет,
А иначе совсем
Справедливости нет.

февраль 2009

это и три следующих — произведения в авторском жанре *хай-куку*

Ночь — это донышко дня,
Только не для тебя,
Только не для меня.

на фото:
капля дождя на усике колючеплодника

октябрь 2009

Опять весна,
Опять всё невпопад,
И отражения стекают в водопад.

апрель 2013

Вон там тамтам, тут тамбурин.
«Тарам-пам-пам, тарам-бурим!» —
Мы с ним друг другу говорим.

август 2013

Простёрт в прострации простак.
В пространстве
Всё очень просто. Просто так.

декабрь 2014

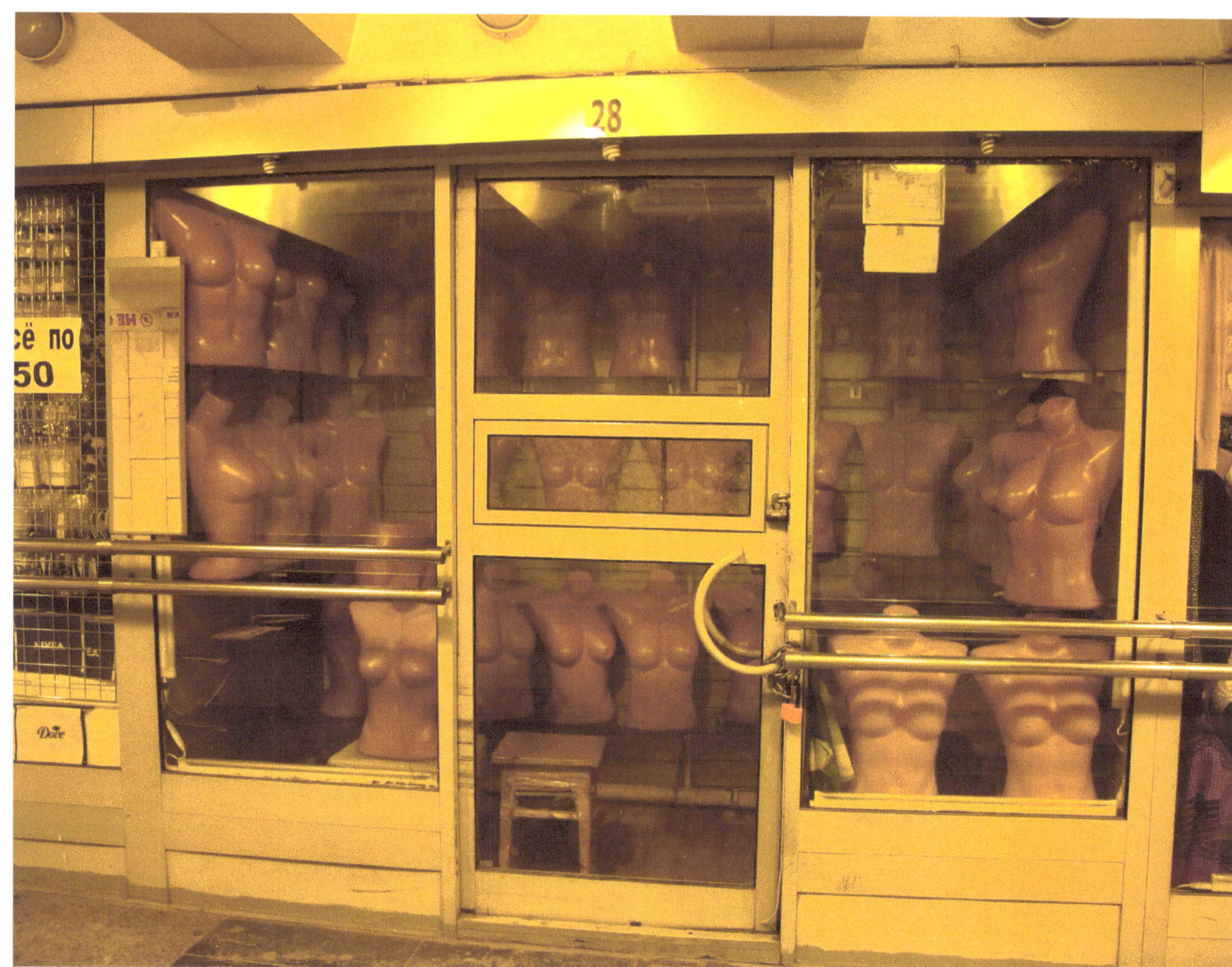

Москва

Здесь небо ясное, как перец.
Здесь птицы темные, как ночь.
Здесь миллионы гладких дверец
Не ждут тебя, единоверец, —
Несутся на колесах прочь.

Среди бетона и пластмассы,
Среди асфальта и стекла
Вращаются людские массы,
Просовывают деньги в кассы
И прожигают жизнь дотла.

Деревьям обрубают руки,
Траву корнают на корню,
А сами травятся от скуки,
Глазея на чужие муки,
И на экранную херню.

июль 2012

Февраль

Под белым толстым снежным одеялом
Лежит земля и грезит о весне.
Подобно туго свёрнутым фракталам,
Ждут запуска зародыши в зерне.

Вовсю поют отважные синицы,
Как будто нет мороза и зимы.
Деревья спят, им шелест листьев снится,
Для них совсем не существуем мы.

Но все цвета и все цветы, и травы —
Всё это здесь, невидимо пока.
Таят в себе промёрзшие дубравы
Гуденье пчел и танец мотылька.

февраль 2010

Апрель

Скинув тяжесть зимы,
Одеваюсь весенним теплом
И как будто лечу
Над верхушками маленьких трав…

Хитроглазый скворец
Прячет счастье под чёрным крылом
И нахально поёт,
Свой коротенький хвостик задрав.

апрель 2010

на фото: тля на усике колючепродника

Июль

В шкафу притаилась зима —
Её меховое обличье,
Как старые пёрышки птичьи,
Я сбросила с тела сама —
На вешалки, в ящики, полки
Былого уюта осколки
Отправлены, спрятаны прочь.
Не верится в летнюю ночь,
Что всё это скоро вернётся,
И снова одеться придётся
В мохнатую тяжесть зимы.
И так же не думаем мы
О том, что нас ждёт за порогом.
Не хочется думать о многом,
Чему мы не можем помочь…

июль 2010

Не знаю, что со мной. Мне больно.
Так тяжко больно — хоть кричи.
Всё так нелепо, подневольно…
Твержу себе: терпи, молчи.

Всё к лучшему, ты это знаешь,
Цени, что есть, живи сейчас,
Иначе вдвое потеряешь,
Ведь каждый день — в последний раз.

Ведь всё проходит неизменно,
Всё очень быстро промелькнёт —
Как переливы мыльной пены,
Как пузырей цветных полёт.

сентябрь 2010

на фото: мать-и-мачеха

45

В пятнадцать лет мы все бессмертны.
Лишь иногда электрошок
Вопросов вечных, неизменных,
Пробьёт, и снова хорошо.

Нам в двадцать пять легко и ясно —
Мы жжём без счёта всё, что есть.
В кипеньи жизни ежечасном
Нам не нужна благая весть.

Мы в тридцать пять всё так же юны —
Бодры, красивы и сильны,
Всё так же звонки наши струны,
И губы свежи и нежны.

Но в сорок пять кристально близок
Когда-то призрачный порог.
Растёт мой поминальный список,
И тает мой клубок дорог.

август 2010

на фото: отражение в пруду

Пейзаж

Рыбак стоит, как водокачка,
С тоской глядит на поплавок,
А мимо шествует собачка,
Влача мадам за поводок.

В пруду бесстыдно отражаясь,
Над ними буйствует закат.
Его нимало не смущаясь,
Крылами кряквы шелестят.

сентябрь 2010

на фото: отражение в заводи с осенними листьями на дне

В разрывах туч синеет небо,
Листва летит наискосок,
А я иду, как будто не был
От гибели на волосок.

Иду, как будто эта осень
Не для меня, не обо мне.
Иду вперёд, смотрю на просинь
И вспоминаю, как во сне.

Того, что было, не отнимет
Уже никто и никогда.
Пусть память камень с сердца снимет,
Пусть сердце то, что должно, примет,
А горечь унесёт вода…

октябрь 2010

на фото: лёд на ветках

Зу

Тревожно кричали в кустах перепонки,
Горилка жевала банан,
И три гигиены смеялись в сторонке,
Мечтая напасть на диван.
Большой ортодонт мирно пасся с бичами,
Тезаурус крался во тьме,
А птица глазунья, сверкая очами,
Должно быть, привиделась мне.

прим.: диване – племя людоедов.

октябрь 2010

на фото: отражение в мокром асфальте, усыпанном конфетти

Серое

Мелко сеет с неба серая крупа,
Семенит по лужам серая толпа,
Лезет мне за ворот серый ветерок,
Пробирает душу серый вечерок...

В серых стенах окна светят кое-где,
Фонари и фары — конусы в дожде.
Там за облаками — звёзды и луна,
Только их не видит серая страна...

ноябрь 2010

Ветры морозные ходят над городом,
Гонят прохожих, как листья опавшие.
В тёмных одеждах, отравлены холодом,
Люди бредут, от ненастья уставшие,

Прячут лицо, как восточные скромницы —
Щёки исхлёстаны ветрами жёсткими.
Лето теперь уж как будто не помнится,
Ну а весна за семью перекрёстками…

Светят кому-то окошки заветные…
Кто-то уже ни на что не надеется…
В голову просятся мысли запретные…
Ну ничего, всё потом перемелется…

декабрь 2010

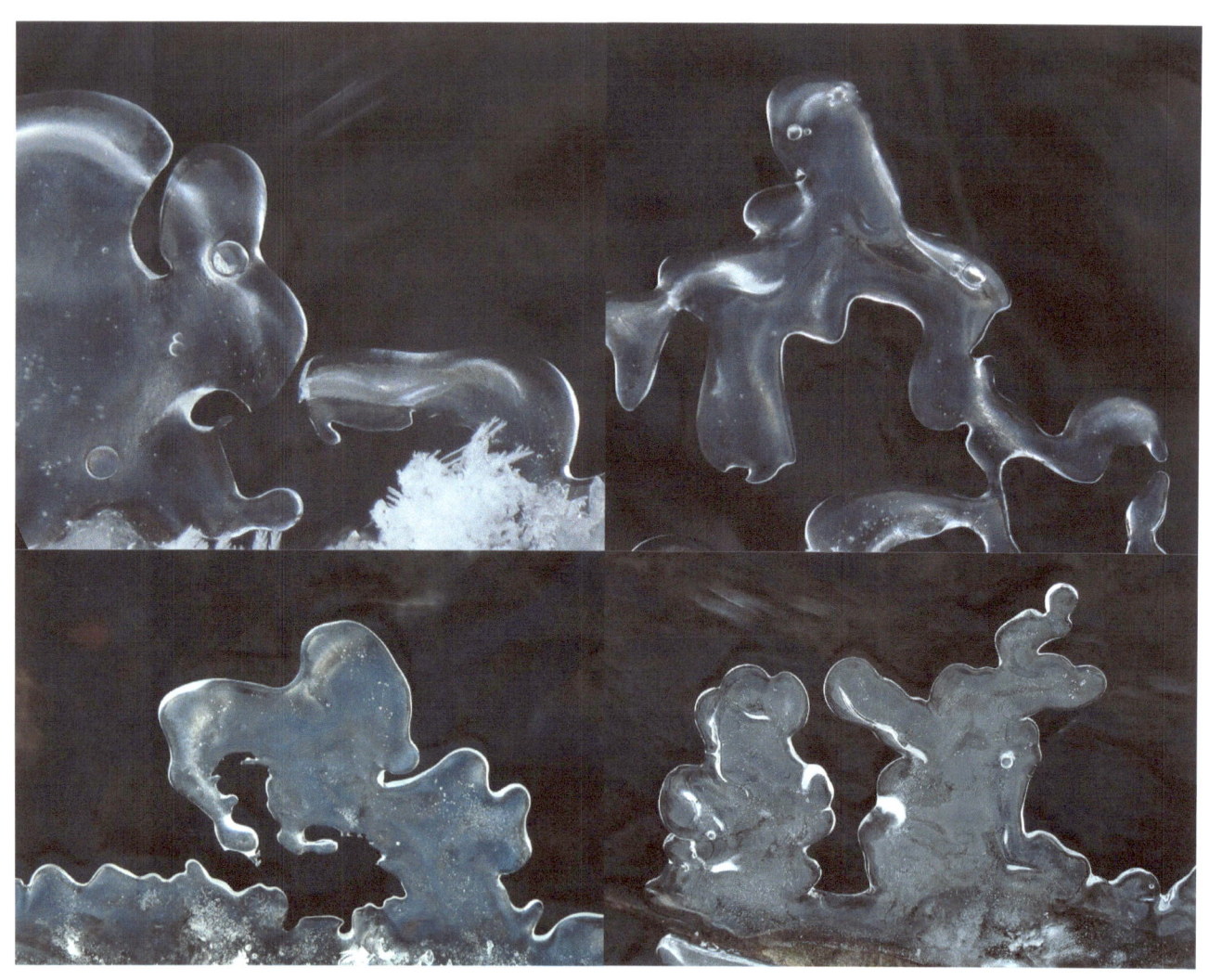

на фото: ледяные корочки на поверхности ручья

* * *

На корриду вдоль забор
Шёл отважный коридор,
А лежачий полицейский
На него глядел в упор.

* * *

Пластырь брёл через пустырь
По дороге в монастырь,
Повстречался с архитравом —
Уронил в траву псалтырь.

* * *

Сельдерей и архитрав
Ели сёмгу без приправ.
Отчего же архитрава
Вечером лишили прав?..

октябрь 2010

на фото: отражение неба в каплях

Последняя болезнь

В ловушке тела бьётся дух —
Он юн, прекрасен, полон жизни.
А тело — жалкий прах и пух —
Уже почти готово к тризне.

Когда закован в эту «плоть»,
Где взять над близкой бездной силы?
Как жажду смерти побороть
И душный, липкий страх могилы?

Любовь, как горькое питьё,
Не столько лечит, сколько мучит…
Всё это — тоже бытиё,
И тоже нас чему-то учит…

февраль 2011

на фото: замёрзшая лужа

Ночью после целого дня бега на месте́ у компьютера (вся работа за сутки пошла в помойку из-за глупой ошибки в начале) я написала такой стишок:

* * *

Всё, что мог на сегодня,
Я уже совершил —
Подразнил бегемотов
И шиншилл насмешил,

Поболтал с попугаем,
Разозлил индюка,
С носорогом немного
Полетал в облака,

Почесал свинке спинку,
И подул кошке в нос —
Вот как много я пользы
За сегодня принёс!

И отправила его Юре Вульфу. Он прислал такой ответ:

* * *

Я держался как мог,
Быть спокойным решил —
С павианом не дрался,
И котов не душил.

Не послал попугая,
Не дразнил индюка,
Пожалел носорога,
И не тронул быка.

Взял слона я за хобот,
Но потом отпустил.
Не прибил хомяка,
Когда тот нахамил.

Но под вечер у дома
Повстречался мне лось,
Посмотрел, падла, косо —
Ну и тут началось...

Наши с Юрой лавры не дали покоя Серёже Каренгину, и он дополнил комплект вот этим:

* * *

Дунул в хобот я слону,
Думал — будут трели.
Кто же знал, что у него
Нервы на пределе...

* * *

Слон стоит на цыпочках,
Затаив дыхание.
До чего же цыпочки
Мощные создания!

март 2011

на фото: водомерка

Мы все друг друга создаём,
Того не замечая сами.
Как знать, кому обязан я
Своими мыслями, словами?

Ведь все слова пришли извне,
Ведь я родился бессловесным,
И речь впиталась в суть мою
Каким-то образом чудесным.

Где я, а где моя семья,
Мои друзья, другие люди
И книги, и учителя?
И кто ещё в том списке будет?

Что здесь моё, а что пришло
И незаметно стало мною?
И если б рядом был не я,
Была бы ты совсем иною?

март 2011

на фото: травяная лягушка

Сугубо отечественный танк

Сезон меняется, и на посту у двери
Резиновые сапоги теперь стоят.
Ботинкам лыжным уступили место
Они в шкафу, и те спокойно спят —
Довольны, сыты, их животы газетою набиты.

апрель 2011

на фото: ива козья

Весенняя распутица,
Разгульная развратица —
Все девочки, как вербочки —
Распустятся, раскрасятся,
Все мальчики, как зайчики —
Ушки на макушке,
Им очень сильно нравятся
Красивые подружки!
Бегут пивные баночки
В шумливых ручейках,
А пожилые дамочки
Витают в облаках.

апрель 2011

на фото: лёд на поверхности ручья

Мне опять не спится,
И болят глаза —
В книжку и компьютер
Мне смотреть нельзя.

Выходи, не прячься,
Милый домовой!
Вместе в старом кресле
Посидим с тобой.

Расскажи, что видел,
Где ты раньше жил,
В том старинном доме
Кто с тобой дружил?

Как играли дети,
Про огонь в печи, —
Говори, что хочешь,
Только не молчи.

Голос твой шершавый
Успокоит боль...
Выходи, не бойся,
Рядом сесть позволь.

май 2011

В эти тёплые ночи,
В эти летние дни
Полюби меня очень,
Обними, не гони.
Полюби меня нежно,
Полюби глубоко,
Полюби безмятежно,
Словно хлеб с молоком,
Словно близкие строчки,
Словно ветер родной,
До середки, до точки,
И останься со мной.

на фото:
живородящие ящерицы

июнь 2011

Я иду не спеша,
На могилах читаю таблички.
Торопливо дыша,
На земле суетятся две птички.
Между влажных комков
Они ловко находят поживу.
Смерть от них далеко —
Они заняты, голодны, живы.
А вокруг — имена,
Их границы земного звучанья —
От и до. Тишина.
Вне границ — тишина.
Затянулась минута молчанья.
Сколько разных имён —
И смешных, и нелепых, и славных...
Кто был глуп, кто умён —
Здесь они уже точно на равных.
Кто силён и кто слаб,
Кто уродлив и кто был прекрасен,
Кто свободен, кто раб —
Из надгробий их жребий не ясен.
Ведь следы их не здесь,
Они там, далеко, за оградой.
Если там кто-то есть,
Для кого они были отрадой.

на фото:
большая синица смотрит
на своё отражение

июнь 2011

на фото: ромашки

Вкусный дух травяной
Поднимается вверх от земли,
Ветер тёплой волной
Омывает колени мои,
Облака в вышине
Разлеглись и плывут не спеша.
Удивительно мне,
Что моя неспокойна душа.

В эти летние дни
Все живое стремится согреться,
Совершиться спешит
И торопится род свой продлить.
Как недолги они!
Поневоле сжимается сердце,
И немного страшит
Невозможность судьбу отдалить.

Тяжела для ума
Непрерывная цепь завершении —
В каждом старте всегда
Неизбежный заложен финал.
Но конечность сама —
Непременное свойство движений,
Из которых вся жизнь
Состоит от начала начал.

июль 2011

Лист оторвался и кружится,
Летит к земле — в последний путь,
Бесшумно на воду ложится
И не боится утонуть.
Плывёт корабликом прекрасным,
Ещё покуда не промок,
Среди таких же, безучастных,
Попавших с ним в один поток.

октябрь 2011

на фото: лист в речке

Лист оторвался и кружится,
Бесшумно на воду ложится,
И не боится утонуть.
В свой первый и последний путь
Спешит корабликом прекрасным,
Плывёт, покуда не промок,
Пока холодный, безучастный,
Не захлестнёт его поток.

октябрь 2011

Суббота. Тихий вечер. Мягкий снег
Неспешно опускается на город.
Чуть впереди сутулый человек
Бредёт, упрятав нос в пушистый ворот,
Не видит звёздочек, искрящихся на нем,
На мостовой, на ветках, на прохожих.
Наверное, случилось что-то днём.
Или задумался. Или устал. Я тоже.
Так хочется в тепло, где свет и чай,
На деревянных стенах пляшут блики,
Дрова стреляют в печке невзначай,
Дела просты, а тени многолики.

на фото:
иней на борщевике

январь 2012

Ну вот и март —
Пора тюльпанов и мимоз,
Пора котов,
Сосулек, плачущих берёз,
Смешных надежд,
Пора грязищи до ушей,
Ручьёв и луж,
Пора отправки на покой
Коньков и лыж.

март 2012

на фото: лёд на ветке

Сели рядом, свесив ножки
Над ручьём,
Посреди весны и снега
Мы вдвоём.

Нам тепло — на солнце греем
Пятачки.
Мы — смешные и родные
Дурачки.

март 2009

макрофото: лёд, березовое семечко

Самурай без меча
С самураем с мечом
Повстречались и молчали
Два часа ни о чем.

март 2012

на фото: лёд на ветке

Чем ближе — тем дальше,
Чем лучше — тем хуже,
Чем больше — тем меньше,
Чем шире — тем уже,
Светлее — темнее,
Сильнее — слабее,
И только мудрёней,
А не мудренее.

март 2012

на фото: отражение в мокром асфальте

На улице весёлый дождь
С лица земли смывает зиму.
Опять не спится. Ну и что ж,
Зато ночь не проходит мимо.
Зато я мыслю, я живу,
Я понимаю — существую.
Зато я не просплю траву —
Смешную первую траву,
И эту пляску дождевую.
Я вижу, как бегут снега
Вдоль улиц мутными ручьями —
Весна несчастного врага
Добила звонкими мечами.
Исчезнут горы поутру,
А вместо них возникнут реки,
И будут шлёпать по двору,
Пугая птиц и детвору,
На службу злые человеки.

апрель 2012

на фото: натюрморт на капоте

Вот уже и сентябрь.
Вот и лето прошло — раз, два, три —
Три секунды тепла
Перед долгой холодной зимою.
Вот и желтые прядки
В шевелюрах берез — посмотри.
Не успели согреться,
А лето уже за кормою.

сентябрь 2012

на фото: *вечерние тени*

Мы все бежим небытия,
Мы все желаем продолженья —
Не только через размноженье,
Но через собственное я —
Стремимся что-нибудь создать,
Оставить след на этом свете,
На нашей крошечной планете,
Которой в лупу не видать.
Увы, слепое вещество
Непрочно и недолговечно,
Людская память быстротечна.
Что сохранится? Ничего?..

декабрь 2012

на фото: лёд на ветке

Кылим чар

*ударные слоги отмечены
заглавными буквами*

пИ килИм килИм бО,
ай пИ килЫн килЫн сУ.
цУ килИм килИм бЫр,
ай тЭ килЫм килЫм нА.

сЭн килИм бурАм дЫ,
ай нА кытЫр кылИм тЭ
тОр курЫм кулЭн сЭ
ай тЫн кулАм кылИм чАр.

декабрь 2012

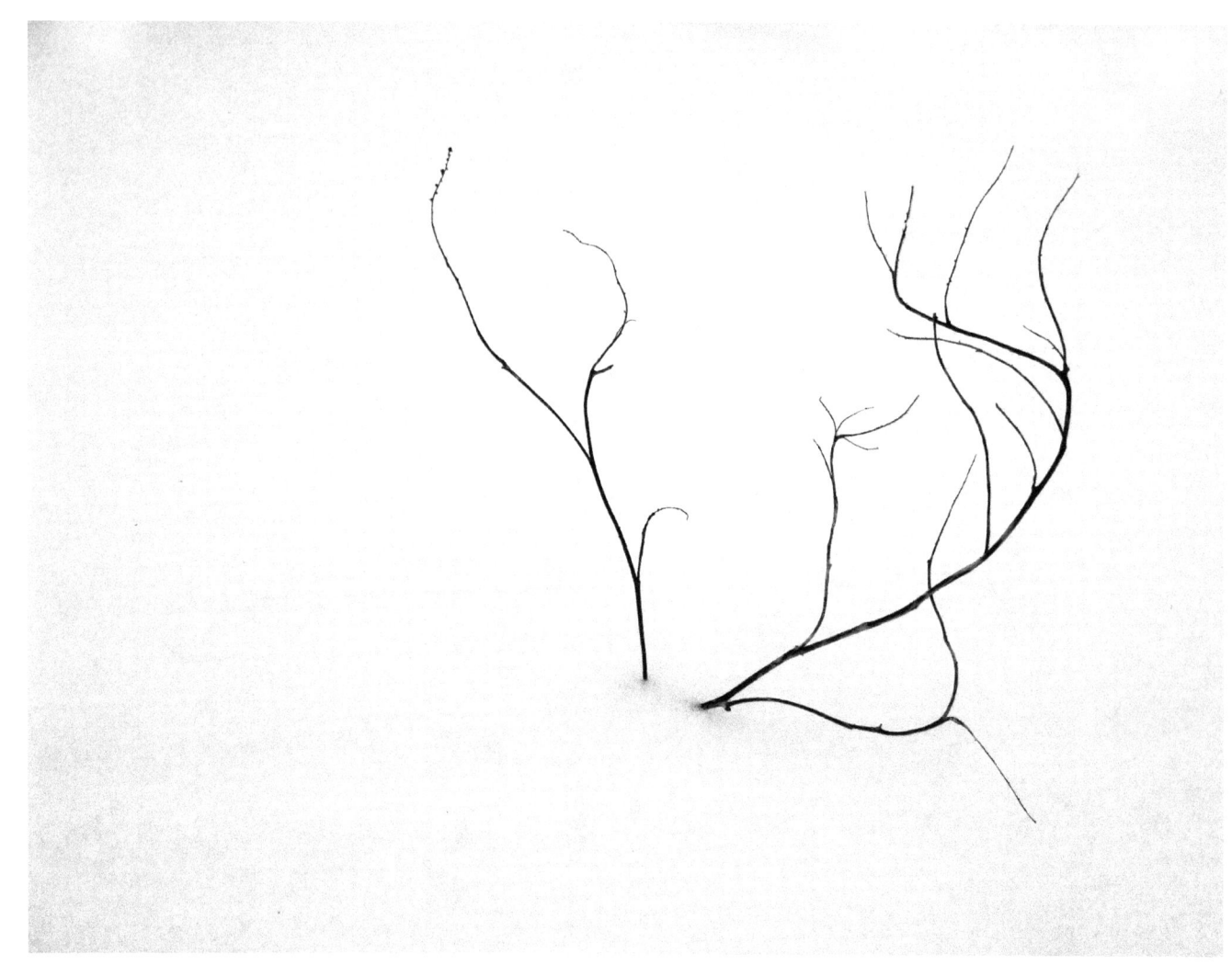

на фото: кустик в снегу

В своей прозрачности холодной
Зима застыла между строк.
Мы до весны мотаем срок,
Тоскуя от хандры бесплодной.

Всё это городская гнусь.
В лесу и в поле жизнь другая.
Туда из клетки убегая,
Я к самому себе вернусь.

январь 2013

Весенний снег

Бесстыдница весна то обнажит
Накопленные за зиму грехи,
То вновь прикроет кружевным бельём
Тщедушное уродство городское.
Пускай иной на снег глядит с тоскою,
Ребёнок в горку с санками бежит.
Преображает девственный покров
Промозглые унылые пространства —
Наш город в этом временном убранстве
Наивен, привлекателен и нов.
Как будто малолюдна и пуста
Столица ранним утром. В этот вторник
Мы начинаем с чистого листа,
Пускай подольше не проснется дворник!

март 2013

на фото: озеро Молдино

Летнее солнцестояние

В опрокинутом небе
Кораблик плывёт между строк,
На кувшинковых листьях
Чужие растут письмена,
Ходят тёмные рыбы,
Как мысли в немой глубине,
Облака подо мной,
В синеве проступает луна.

июнь 2013

на фото: клен остролистный

Младенческие ручки тянет к свету
Прозрачная весенняя листва,
Лепечет на ветру едва-едва,
И в крону дерева вдруг превратится к лету…

май 2014

ПИРОЖКИ

http://www.perashki.ru/Info/Rules/ гласит:
"Четверостишие без рифмы, цифр, знаков препинания и дефисов, написанное четырехстопным ямбом и строчными русскими буквами называется пирожком, если помимо формата в нём присутствует неуловимый пирожковый дух." Нижеследующее — первые блины моей выпечки в этом жанре.

*

я сдерживаю обещанья
на это не жалею сил
никто пока ещё не слышал
чтоб что-то я пообещал

ноябрь 2011

*

а мы не ищем лучшей доли
задумчиво сказал хирург
и произвёл лоботомию
своею опытной рукой

декабрь 2012

*

в мою постель набились крошки
они мешают мне уснуть
опять бока мои щекочут
оксана, зина, зульфия

июль 2013

на фото:
тень цветка колючеплодника на листе

жизнь пролетает с жутким свистом
не успеваю осознать
как неожиданное завтра
уже становится вчера

август 2011

в себя глубоко погружаясь
не забывай где верх где низ
и не пугайся если в бездне
увидишь вдруг своё лицо

*на фото:
травяная лягушка*

октябрь 2011

макрофото: лёд

приняв товарный вид и позу
приняв приличную по сану
приму решение такое
принять таблетку или ванну
приму пожалуй новый облик
приму в подарок анаграмму
ещё могу принять по-царски
факс или телефонограмму
могу принять удар и меры
могу принять в друзья оксану
но к сведению вы примите
что принимать на веру сплетни
и принимать другую веру
не буду ни за что не стану
пускай не примут на работу
пускай не примут в пионеры
не принимаю близко к сердцу
перипетии и химеры
не принимаю обязательств
не принимаю резолюции
не принимаю делегаций
не принимаю революций
зато парады принимая
я принимаю форму шара
и вы участие примите
и предложение приму я
меня избавить от кошмара

февраль 2012

Всё наше будущее в прошлом
Для тех, кто будет после нас.
Для них исчезло и забыто
Вот это всё, что здесь сейчас.

на фото:
отражение неба в луже

март 2014

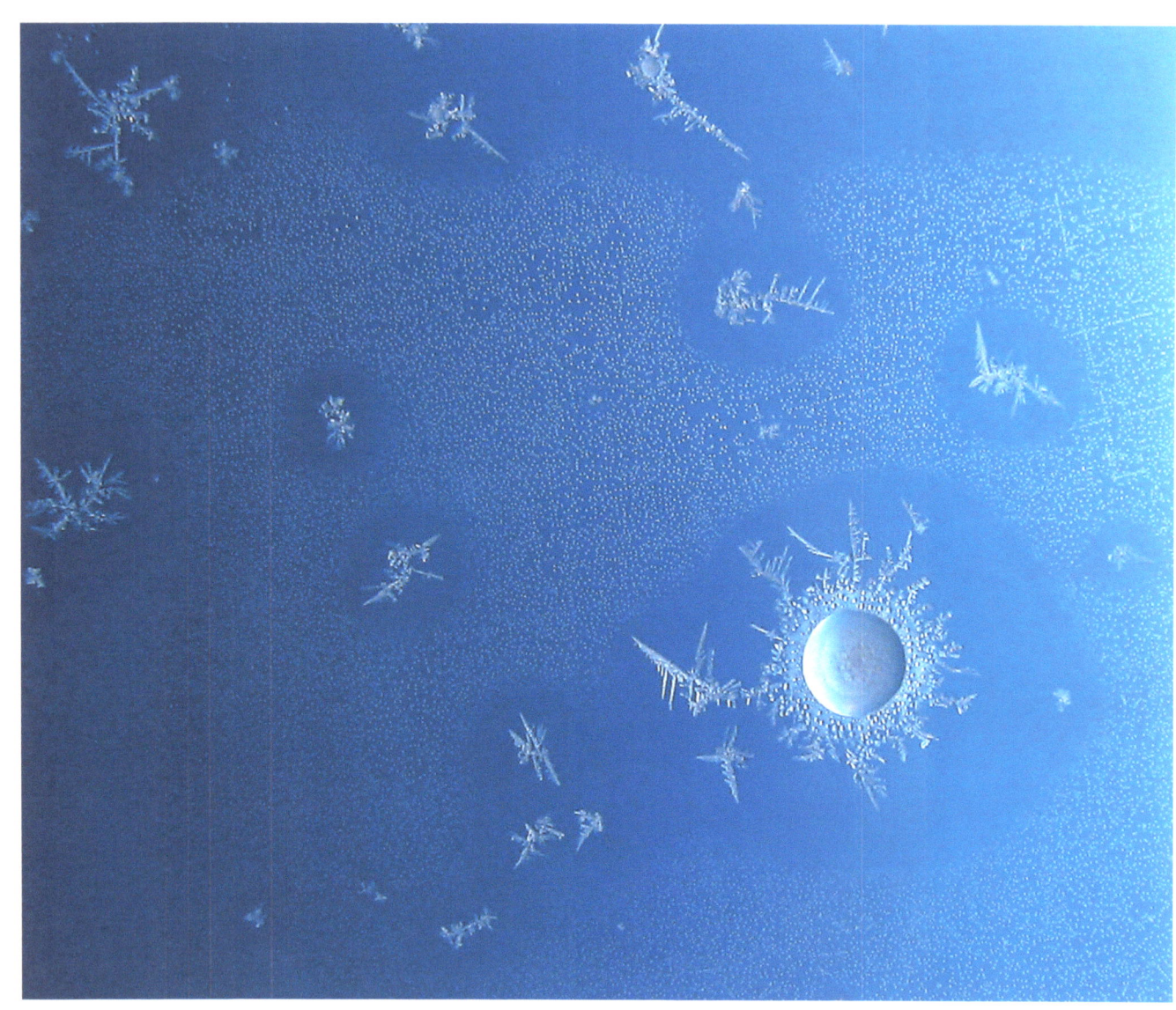

на фото: лёд на иллюминаторе самолета

Ночь кругом, а мне не спится —
Это всё из-за тебя.
За окошком вьюга злится —
Это всё из-за тебя.
За морями солнце светит —
Это всё из-за тебя.
Кто за это мне ответит?
Это всё из-за тебя.
Время мчится, жизнь проходит —
Это всё из-за тебя.
Что же это происходит
У меня из-за тебя?

февраль 2014

на фото: водомерки

Ищу себя,
Ищу всю жизнь,
И нахожу
Всегда не там.
Всегда не там,
Где нахожусь.
Я нахожусь
Всегда не там.
А если взять
И перестать
Искать себя,
А просто жить,
Здесь и сейчас,
Такой, как есть?
Тогда найду?
Всё может быть.

июнь 2014

К фотосинтезу

Мы — дети солнца, продолжение его лучей,
Захваченных антеннами растений
И превращенных ими в вещество —
Отсроченный живой огонь, который может
Осветить, согреть, а также
Опалить и уничтожить.
Огонь, неотделимый от воды
И воздуха, и по Земле идущий, летящий,
Мчащийся или едва ползущий,
И оставляющий на ней свои следы.
Стихийность, двойственность, котёл противоречий —
Основа всей природы человечьей.

на фото:
листья осины

сентябрь 2015

Пусть плохое уйдёт под лёд,
Пусть хорошее здесь останется!
Новый год грядёт. В новый год
Что же с нами со всеми станется?
Что изменится? Кто уйдёт?
Кто вернется, а кто отчается?
Все надеются, только вот
Всё по-разному получается...

январь 2016

Как хорошо гулять в пургу,
Когда одет тепло и весел,
Сумел сбежать из цепких кресел
И напеваешь на бегу!

Снежинок стаи налетают,
Слепят глаза, клюют лицо
И на щеках мгновенно тают,
И жгут, как меткое словцо.

В снегу скрипучем вязнут ноги,
И сильный ветер поперёк,
Но мне приятно быть в дороге,
Ведь вкусный ужин недалёк.

январь 2016

часть 2: "С УЛИТКОЙ В САЛОЧКИ"
для детей от 3-х до 103-х лет

на фото: страус

Колыбельная

Зимняя ночь у твоих дверей
Ёжится и сутулится,
Сыплется снегом из фонарей,
Белит дворы и улицы.

Под одеялом твоим тепло,
В доме покой и тишь,
Только снежинки стучат в стекло.
Ты почему не спишь?

Белым корабликом через ночь
Тихо плывёт постель.
Чтобы уснуть тебе помочь,
Песню поёт метель.

Галок не видно, вороны спят,
Спят воробьи и голуби,
Даже сосульки большие спят
На водосточном жёлобе.

А на другой стороне Земли
Солнечный жаркий день —
Можно ходить босиком в пыли,
Если купаться лень.

Синее небо, пальмы, песок,
Ракушки, яркие птицы…
Кажется, ты засыпаешь, дружок…
Пусть тебе лето приснится.

январь 2013

на фото: ежонок

Странное дело, в нашей квартире
Всё пропадает, чего не хватись.
Если куда-то торопишься сильно,
Может совсем ничего не найтись.

После уборки всё было в порядке,
Но ручки, квитанции, книжки, перчатки,
Очки и ключи, телефон, кошелёк
Будто бы кто-то опять уволок!

Кто-то неслышный, невидимый, ловкий...
Где же он прячется? В ванной? В кладовке?
Где он сидит и тихонько смеётся?
Этот паршивец однажды дождётся!
Мы убежим от злодея на дачу,
Пусть тут один посидит и поплачет

январь 2010

Ах, как красив, как дивно нежен
Любой предмет, когда заснежен...

Снегопад

Снежинки крупные летят,
Как пух гусиный из подушки,
На спины, плечи и макушки
Садятся смело, где хотят.

Такой невероятный снег,
Как будто и не настоящий,
Из фонарей, кругом висящих,
Кружит и падает на всех.

Пусть подставляют спины горки,
А мыши роют глубже норки!

январь 2013

*В январскую стужу
Не плюхнешься в лужу.*

— Тук-тук! Вам посылка.
— Какой-то пенальчик…
«Открыть осторожно!»
Здесь солнечный зайчик!
Ой, выскочил… Сразу
Шмыгнул под рубашку
В рукав и подмышку,
Скользнул по кармашку,
Оттуда запрыгнул
В тарелку и в чашку,
Из чашки на ложку,
А с ложки на книжку,
Потом на ладошку,
И вновь под рубашку.
Совсем не щекотно,
Тепло и приятно,
И дух поднимается
Невероятно!

январь 2013

на фото: мать-и-мачеха

Самые первые

— Скажи-ка, мой милый,
Знаешь ли ты,
Какие всех раньше
Бывают цветы?
— Подснежники? Крокусы?
Или в стаканчике
на подоконнике —
              одуванчики?
— Нет, мой хороший,
Взгляни-ка в окошко.
Видишь, кто ходит
По мокрым дорожкам?
Ну, догадался?
Конечно, зонты —
Самые первые наши цветы!

апрель 2012.

на фото: бабочка толстоголовка Палемон

Гроза

Возьму для бабочек сачок
И выйду на балкон,
Немного града наловлю
И будем пить потом
С тобой июньскую жару,
Как вино-градный сок,
И сок вишневый будем пить
Со вкусным летним льдом.

июнь 2011

Всё, что мог на сегодня,
Я уже совершил —
Подразнил бегемотов
И шиншилл насмешил,

Поболтал с попугаем,
Разозлил индюка,
С носорогом немного
Полетал в облака,

Почесал свинке спинку,
И подул кошке в нос —
Вот как много я пользы
За сегодня принёс!

март 2011

на фото: виноградная улитка

Ползёт улитка
По желтой палочке.
Кто поиграет
С улиткой в салочки?

Ползет несчастная
И одинокая,
Зеленопузая
И черноокая…

май 2009

на фото: капли, висящие снизу на корке льда

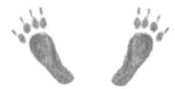

Домовому скучно длинной темной ночью,
Он завыл тихонько, разбудил меня.
Мы с ним сели рядом и глядим в окошко.
Нету в доме кошки, нет в печи огня,

Да и печки тоже нету настоящей —
Грустно домовому жить в таком дому.
Долгими ночами он глядит в окошко,
Слушает, как дождик шелестит ему.

Почитаю книжку я ему, бедняжке,
Угощу вареньем, хлебом с молоком .
Он мне улыбнётся и полезет в шкафчик —
В старой кофемолке спать под потолком

ноябрь 2010

ОБ АВТОРЕ

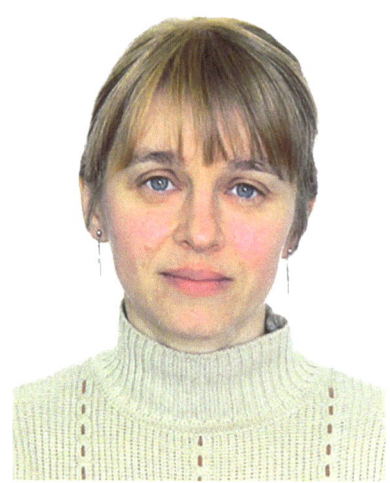

Ольга Каренгина родилась и живет в Москве. Окончила Биологический факультет МГУ им. М.В. Ломоносова в 1989г. В настоящее время делает мультфильмы, свободное время отдавая поэзии и фотографии.

Фильмография:
«Осень — это временно» — 2011 (сценарист, режиссер, художник, аниматор)
«Большой и маленький» — 2015 (сценарист, режиссер, художник, аниматор)
— первое место на конкурсе БезГраницФест XXI Открытого фестиваля анимационного кино в Суздале (2016)

www.ingramcontent.com/pod-product-compliance
Lightning Source LLC
Chambersburg PA
CBHW050755110526
44588CB00002B/10